Douglas Florian
poeta y artista

por Minnie Timenti
ilustrado por Elizabeth Wolf

HOUGHTON MIFFLIN   BOSTON

El padre de Douglas Florian era artista. Fue él
quien enseñó a Florian a dibujar. También le
enseñó a observar la naturaleza.

Cuando Douglas tenía diez años, compitió en un concurso de dibujos. El suyo ganó el segundo premio.

—¡Miren mi premio! —dijo Douglas, orgulloso.

Había ganado unos patines que brillaban como el oro.

Un verano, Douglas se inscribió en unas clases de dibujo en una escuela de arte. Le gustaron tanto que decidió ser artista.

Tenía quince años.

Cuando Douglas fue a la universidad, estudió arte. Al terminar los estudios, empezó a vender dibujos a periódicos y revistas.

También hacía ilustraciones para libros infantiles. Al principio, ilustraba los textos de otros escritores. Después, empezó a ilustrar sus propios libros.

A Douglas siempre le había gustado lo que le enseñaba su padre sobre la naturaleza. Por eso, los primeros libros que Douglas escribió trataban sobre la naturaleza. Escribió e ilustró historias verídicas sobre mariposas, árboles, ranas, moluscos marinos, tortugas y las estaciones.

Con el paso de los años, Douglas escribió e ilustró más de una docena de libros infantiles.

Un día, Douglas hizo un descubrimiento. Estaba mirando un puesto de libros de segunda mano. Abrió un libro titulado *¡Oh, eso es ridículo!*, que estaba lleno de poemas y dibujos absurdos.

Douglas sonrió mientras iba pasando páginas.

"Sería muy divertido hacer un libro como éste", pensó.

Douglas estaba seguro de que podía escribir poemas graciosos. Al fin y al cabo, tenía hijos y sabía qué les hacía reír. Y a Douglas siempre le había gustado inventar palabras y jugar con los sonidos. A lo mejor, en el fondo era un poeta.

Así que Douglas empezó a escribir poemas. Escribió montones y montones de poemas.

Cuando tuvo escritos unos 300 poemas, los envió a las editoriales. Los editores se los devolvieron.

"La gente no compra libros de poesía", decían las cartas.

Douglas no se rindió. Siguió enviando poemas.
Por fin vendió su primer libro de versos. Se titulaba
El motel de los monstruos.

10

El libro tenía poemas absurdos acerca de
monstruos que él había inventado. Douglas incluyó
dibujos del Purple Po, del Teek y de sus demás
monstruos.

El siguiente libro de poemas y dibujos de Douglas se tituló *Bing Bang Boing*. Incluía un poema titulado "Cuadrados", que estaba escrito en forma de cuadrado.

Douglas trabajó mucho en su siguiente libro, que se tituló *El banquete de los animales*. Constaba de veintiún poemas y otros tantos dibujos. Todos los poemas trataban sobre animales de verdad.

Los poemas de *El banquete de los animales* tenían rimas graciosas y palabras inventadas. Eran como éste del también poeta Carlos Mataró:

Cuidado al desenrollar una bola:
si quitas la "l", puede salir una boa.

Lee Bennet Hopkins

El banquete de los animales fue un gran éxito.
Incluso ganó un importante premio de poesía.

Douglas Florian sigue escribiendo e ilustrando libros de poesía. ¡Y le sigue encantando!